¿Quién fue Rosa Parks?

¿Quién fue Rosa Parks?

Yona Zeldis McDonough

Ilustraciones de Stephen Marchesi

loqueleo

SANTILLANA USA

Para mi madre, Malcah Zeldis.

Y.Z.M.

Para Kerry y Alex, con esperanza en el futuro.

S.M.

loQueleo

Título original: *Who Was Rosa Parks?*
© Del texto: 2010, Yona Zeldis McDonough
© De las ilustraciones: 2010, Stephen Marchesi
© De la ilustración de portada: 2010, Nancy Harrison
Todos los derechos reservados.

Publicado en español con la autorización de Grosset & Dunlap,
una división de Penguin Group.

© De esta edición:
2015, Santillana USA Publishing Company, Inc.
2023 NW 84th Avenue
Miami, FL 33122, USA
www.santillanausa.com

Dirección editorial: Isabel C. Mendoza
Coordinación de montaje: Claudia Baca
Traducción: Eduardo Noriega
Servicios editoriales por Cambridge BrickHouse, Inc.
www.cambridgebh.com

Loqueleo es un sello de **Santillana**. Estas son sus sedes:
ARGENTINA, BOLIVIA, BRASIL, CHILE, COLOMBIA, COSTA RICA, ECUADOR, EL SALVADOR,
ESPAÑA, ESTADOS UNIDOS, GUATEMALA, MÉXICO, PANAMÁ, PARAGUAY, PERÚ, PORTUGAL,
PUERTO RICO, REPÚBLICA DOMINICANA, URUGUAY Y VENEZUELA.

¿Quién fue Rosa Parks?
ISBN: 978-1-631-13430-2

Published in the United States of America
Printed by Thomson-Shore, Inc.

20 19 18 17 16 15   1 2 3 4 5 6 7 8 9 10

Índice

¿Quién fue Rosa Parks?

PINE LEVEL, ALABAMA, 1919

Cada mañana, Rosa Parks iba a su escuela caminando y, cada tarde, regresaba de la misma manera. No había ningún autobús escolar que la pudiese llevar. Ya se había acostumbrado a caminar y no le importaba hacerlo.

Con frecuencia, observaba cómo un gran autobús escolar amarillo le pasaba por el lado sin parar a recogerla. Todos los niños en su interior eran blancos y se dirigían a una escuela donde solo admitían a esos niños. Rosa era una persona de color.

Rosa creció en Pine Level, Alabama. En esa época, la gente de color y la blanca del sur de Estados Unidos llevaban vidas separadas. Todos los amigos y familiares de Rosa eran personas de color y ella casi no conocía a ninguna persona blanca. Pero, ¿cómo iba a conocer a algún blanco si a las personas de su color no se les permitía ir a los mismos restaurantes

y hoteles, nadar con ellos en piscinas públicas o tomar agua de los mismos bebederos?

Cada vez que Rosa veía un autobús transportando niños blancos hacia una escuela o desde esta, sentía que los niños de color no eran tan importantes como los blancos. A veces, los niños blancos arrojaban desperdicios por las ventanas con la intención de golpear a los niños de color. Con el tiempo, Rosa y los otros niños de color dejaron de transitar por la vía pública y comenzaron a ir por los campos.

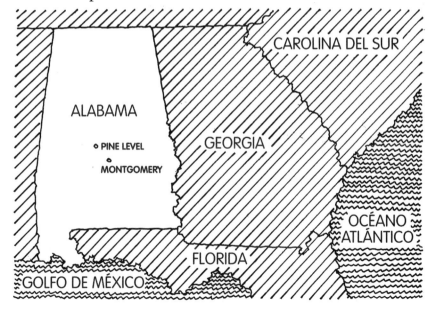

La escuela de los niños blancos era mejor que la de ella. Sus ventanas eran de cristal auténtico mientras que las de la escuela de Rosa tenían contraventanas. Aun así, Rosa sabía en su interior que ella era tan valiosa como cualquier niño blanco; tanto como cualquier persona, y un día lo demostraría.

Capítulo 1
Allá en la granja

Rosa Louise McCauley nació en Tuskegee, Alabama, el 4 de febrero de 1913. Su padre, James, era carpintero y su madre, Leona, era maestra. Rosa era pequeña para su edad. Le dolía frecuentemente la garganta y pasaba mucho tiempo enferma, en cama.

Sus padres se separaron cuando ella tenía dos años y medio, aproximadamente, y se mudó con su mamá y su hermano pequeño, Sylvester, a la granja de sus abuelos en Pine Level, en las afueras de Montgomery, Alabama. Le gustaba la granja y se sentía a salvo porque estaba rodeada de su familia.

El mundo fuera de la granja era un lugar peligroso. Algunos blancos que vivían en las cercanías pertenecían a un grupo llamado el Ku Kux Klan. Usaban túnicas blancas y capuchas para ocultar sus rostros. Muchas veces, incendiaban las casas donde vivía gente de color o las iglesias donde rezaban.

EL KU KLUX KLAN

EL KU KLUX KLAN O KKK, COMO TAMBIÉN SE LE CONOCE, ES UN GRUPO QUE INCITA AL ODIO Y EMPLEA AMENAZAS Y VIOLENCIA CONTRA LAS PERSONAS DE COLOR Y OTRAS MINORÍAS. PROBABLEMENTE, SU NOMBRE PROVIENE DE LA PALABRA GRIEGA *KUKLOS*, QUE SIGNIFICA CÍRCULO. EL KU KLUX KLAN ERA UN CÍRCULO O ANILLO DE FRAILES QUE FUE FUNDADO EN 1865, CUANDO TERMINÓ LA GUERRA CIVIL, POR VETERANOS DE GUERRA DE TENNESSEE QUE PERTENECIERON AL EJÉRCITO CONFEDERADO. GRUPOS DEL MOVIMIENTO SE PROPAGARON RÁPIDAMENTE POR TODO EL SUR DEL PAÍS. LOS MIEMBROS DEL KLAN USABAN TÚNICAS BLANCAS Y CAPUCHAS PUNTIAGUDAS QUE OCULTABAN SUS ROSTROS. CON FRECUENCIA DEJABAN CRUCES ENCENDIDAS FRENTE A LAS CASAS DE SUS VÍCTIMAS. DURANTE LOS AÑOS VEINTE, SIENDO ROSA UNA NIÑA, EL KLAN SE EXPANDIÓ POR TODO EL PAÍS. LLEGARON A TENER APROXIMADAMENTE CUATRO MILLONES DE MIEMBROS EN ESTADOS UNIDOS. HOY EN DÍA, APENAS SON UNOS CINCO MIL.

La policía no hacía nada para detenerlos.

Cuando miembros del Klan pasaban por la casa de Rosa, su abuelo se paraba en la puerta portando una escopeta. Algunas noches, dormía en una mecedora con el arma sobre sus piernas y, con frecuencia, Rosa lo acompañaba acurrucada a su lado.

Hubo blancos que, sin pertenecer al Ku Klux Klan, podían ser crueles. Moses Hudson, un adinerado propietario de una plantación, contrataba niños de color para recoger y cortar algodón. Les pagaba cincuenta centavos al día. Por lo general, los niños no utilizaban zapatos y, como la tierra caliente les quemaba los pies con severidad, recogían el algodón de rodillas. Si le caía algo de sangre al algodón, los azotaban.

LAS LEYES JIM CROW

DESDE 1876 HASTA 1965, LAS LEYES JIM CROW
MANTUVIERON LA SEGREGACIÓN RACIAL, O
SEPARACIÓN DE PERSONAS BLANCAS Y DE COLOR,
EN LOS LUGARES PÚBLICOS DEL SUR DE EE. UU.
LAS PERSONAS DE COLOR NO PODÍAN COMPRAR
CASAS EN VECINDARIOS DONDE VIVÍAN BLANCOS
O COMER EN LOS MISMOS RESTAURANTES. SOLO
PODÍAN LLEVAR SU ROPA A LAVANDERÍAS QUE
ERAN EXCLUSIVAS PARA ELLOS. EL TÉRMINO
"JIM CROW" PROBABLEMENTE SE ORIGINÓ EN
LOS ESPECTÁCULOS DE TROVADORES DE FINALES
DEL SIGLO XIX. HOMBRES BLANCOS USABAN
MAQUILLAJE FACIAL NEGRO PARA BURLARSE DE
LAS PERSONAS DE COLOR, Y JIM CROW ERA EL
NOMBRE DE UNO DE ESTOS PERSONAJES.

Aun así, Rosa no desconfiaba de toda la gente blanca. Había una señora mayor en Pine Level que solía llevarla a pescar lobina. Era amable y cortés con Rosa y sus abuelos y, aunque era blanca, los trataba como iguales. Había también un soldado blanco que le hacía una caricia en la cabeza cada vez que pasaba por el pueblo. Un gesto tan simple como este era inusual. A medida que fue creciendo,

Rosa comenzó a compadecerse de los blancos que la habían insultado o le habían lanzado piedras. En vez de odiarlas, deseaba perdonar a las personas que la habían agraviado.

En general, Rosa era feliz en Pine Level. Le encantaba la escuela y esperaba con ansia que comenzase un nuevo día. Disfrutaba las rimas para niños de

Mamá Gansa, jugar al escondite con sus amigos y cuidar a su hermanito. Le gustaba explorar los bosques, los arroyos y las lagunas cercanas a la granja, procurando siempre evitar las serpientes venenosas. Para ganar un dinero extra, les vendía huevos a los vecinos.

A veces caminaba por el cementerio. Algunas de las tumbas se remontaban a la Guerra Civil. Cuando esta finalizó en 1865, se abolió la esclavitud. A partir de ese momento, la ley prohibió que una persona fuese dueña de otra. Algunos abuelos de Rosa fueron esclavos pero, a pesar de que su familia era pobre y maltratada con frecuencia, ahora era libre.

BROWN VERSUS LA JUNTA DE EDUCACIÓN

POR SER UNA NIÑA DE COLOR QUE VIVÍA EN EL SUR, ROSA PARKS NO PODÍA ACUDIR A UNA ESCUELA DONDE ESTUDIASEN NIÑOS BLANCOS. EN 1954, UN GRUPO DE PADRES AFROAMERICANOS EN TOPEKA, KANSAS, SOLICITARON EN CORTE QUE SE ELIMINARA LA SEGREGACIÓN EN LAS ESCUELAS. ESTE ES UNO DE LOS CASOS MÁS FAMOSOS QUE HAYA LLEGADO A LA CORTE SUPREMA.

ESTOS PADRES ESTABAN MOLESTOS PORQUE LA ESCUELA EXCLUSIVA PARA NIÑOS DE COLOR QUEDABA A MÁS DE UNA MILLA DE SU VECINDARIO, LO CUAL SIGNIFICABA UN VIAJE MUY LARGO PARA LOS NIÑOS PEQUEÑOS. LA ESCUELA PRIMARIA EXCLUSIVA PARA LOS NIÑOS BLANCOS QUEDABA MUY CERCA Y ERA INJUSTO QUE SUS HIJOS NO PUDIESEN ACUDIR A ELLA.

HASTA ESE MOMENTO, LA LEY ESTIPULABA QUE LAS ESCUELAS PÚBLICAS PODÍAN MANTENERSE SEGREGADAS SIEMPRE Y CUANDO LAS DE LOS NIÑOS DE COLOR FUESEN TAN BUENAS COMO LAS DE LOS BLANCOS. LOS JUECES DE LA CORTE SUPREMA CAMBIARON LA LEY Y, EN ADELANTE, FUE ILEGAL QUE EXISTIESEN ESCUELAS SEPARADAS PARA LOS NIÑOS BLANCOS Y LOS NIÑOS DE COLOR. LAS ESCUELAS PÚBLICAS TUVIERON QUE INTEGRARSE DE MODO QUE CUALQUIER NIÑO DE COLOR PUDIESE ACUDIR A LA ESCUELA PÚBLICA QUE DESEASE.

Capítulo 2
El brillo de la ciudad

En 1924, cuando Rosa tenía once años, su madre la mandó a vivir con unos familiares que residían en Montgomery, la capital de Alabama, para que pudiese acudir a una mejor escuela. Se llamaba Montgomery Industrial School for Girls y fue fundada

ALICE WHITE

por personas blancas del Norte que querían ayudar a las niñas pobres del Sur. Tenía entre doscientas cincuenta a trescientas estudiantes y todos los profesores eran mujeres blancas del Norte. La directora de la escuela, Alice White, era estricta y afectuosa a la vez. Rosa la adoraba y aprendió de ella a respetarse y a no imponerse metas pequeñas solo porque era una persona de color.

A Rosa le fascinaba vivir en Montgomery y la ciudad le parecía grande y moderna. Los primeros automóviles (Ford T) abarrotaban sus calles. Tenía tiendas finas llenas de vestidos, sombreros y guantes lujosos, y un estadio de fútbol americano que podía acomodar hasta doce mil personas. Trenes de la línea de ferrocarriles Louisville & Nashville irrumpían en la estación Union y embarcaciones fluviales descargaban madera de pino y algodón en el muelle.

Pero, en cierta medida, Montgomery era como Pine Level. Un día, Rosa caminaba por un vecindario blanco y un joven que patinaba a velocidad chocó contra ella. Su intención era sacarla de la acera pero ella se volteó y lo empujó. La madre del muchacho estaba parada a poca distancia y le dijo a Rosa que podían mandarla a la cárcel por lo que había hecho, y para siempre. En su autobiografía, *Rosa Parks: Mi vida* (en inglés, *Rosa Parks: My*

Story), Rosa escribió: "Le contesté que él me había empujado primero y que no debió hacerlo puesto que yo no lo estaba molestando en lo absoluto". Rosa quiso defenderse y lo hizo por cuenta propia.

Rosa pasó cuatro años en la escuela de la señorita White. Mucha gente blanca de Montgomery se sentía agraviada por la iniciativa de esta señorita y de las otras maestras. ¿Qué buscaban con darles clase a los niños de color? ¿Por qué no se quedaron allá en el Norte, de donde vinieron? La escuela fue incendiada dos veces y, en 1928, hubo que cerrarla. La señorita White regresó a Massachusetts pero se mantuvo en contacto con Rosa, quien la consideraba una maestra afectuosa y una amiga querida.

Rosa comenzó entonces a ir a otra escuela exclusiva para niños de color. Aspiraba a convertirse en maestra, como su mamá. A los 16 años, dejó la escuela y regresó a Pine Level para ayudar a cuidar a su abuela, que se había enfermado.

Después de que murió la abuela, se enfermó la madre de Rosa y, una vez más, ella estuvo allí para ayudar. No estaba contenta con haber dejado la escuela pero no se quejaba. Para ganar dinero, limpiaba casas de gente blanca y, cuando esto no

le daba lo suficiente, se paraba en la calle a vender fruta. Rosa trabajó duro.

Rosa pertenecía a la iglesia Episcopal Metodista Africana (AME, por sus siglas en inglés) de San Pablo, ubicada en el barrio afroamericano más antiguo de Montgomery. La vida de Rosa giraba en torno a la iglesia y esta le proporcionó muchas alegrías. Su inquebrantable fe la ayudaba a enfrentar días largos y agotadores.

EL PAPEL DE LAS IGLESIAS AFROAMERICANAS

ANTES DE 1800, LOS AFROAMERICANOS LIBRES DE FILADELFIA, PENSILVANIA; PETERSBURG, VIRGINIA; Y SAVANNAH, GEORGIA, CREARON LAS PRIMERAS IGLESIAS AFROAMERICANAS PORQUE NO ERAN BIENVENIDOS EN MUCHAS IGLESIAS BLANCAS. EN ELLAS, DESARROLLARON UNA CORRIENTE DE CRISTIANISMO QUE SE ALIMENTÓ DE COSTUMBRES ESPIRITUALES AFRICANAS. ESTAS IGLESIAS SE

CONVIRTIERON EN PILARES CENTRALES DE SUS
COMUNIDADES Y, A SU VEZ, FUNDARON ESCUELAS
Y AYUDARON A LOS POBRES Y A LOS PRESOS. EN
LOS AÑOS SESENTA, CONSTITUYERON UNA PARTE
MUY IMPORTANTE DE LA LUCHA POR LOS DERECHOS
CIVILES. SUS CLÉRIGOS SE CONVIRTIERON EN
LÍDERES DEL MOVIMIENTO. TANTO MARTIN LUTHER
KING, JR. COMO JESSE JACKSON ERAN PASTORES DE
SUS IGLESIAS.

En la iglesia, Rosa aprendió a no quejarse o revelarse. Por el contrario, debía depositar su fe en Dios y Él se ocuparía de ella y proveería. Pero entonces conoció a Raymond Parks, un joven brillante que tenía muchas ideas diferentes.

Capítulo 3
Su vida con Raymond

Un amigo presentó a Rosa y a Raymond cuando ella tenía dieciocho años de edad y él veintiocho. A Rosa le impresionó lo inteligente que era. No había recibido mucha educación académica pero le encantaba aprender. Trabajaba como barbero en Montgomery.

Raymond también había atravesado momentos muy difíciles. Al igual que el padre de Rosa, el suyo había sido carpintero. Murió al caerse de un tejado cuando Raymond era un chiquillo.

Su madre fue quien le enseñó a leer y a escribir, y murió cuando él era adolescente. A partir de ese momento, tuvo que arreglárselas por su cuenta. Raymond habló mucho sobre la vida de las personas de color en el Sur. Fue uno de los primeros miembros del comité de Montgomery de la Asociación Nacional para el Progreso de las Personas de Color (en inglés, National Association for the Advancement of Colored People, NAACP). Le caía bien a la gente y lo respetaban.

Cuando Raymond y Rosa se conocieron, él

estaba enojado por un juicio que se llevaba a cabo en Scottsboro, Alabama.

Nueve adolescentes afroamericanos fueron acusados de atacar a dos mujeres blancas en un tren. Las mujeres mentían y la evidencia presentada era falsa. Aun así, el jurado condenó a ocho de los nueve muchachos a la pena de muerte. El menor, que tenía solo doce años, fue el único que no fue condenado. Con el tiempo, se levantaron las sentencias pero los ocho muchachos permanecieron, al menos, seis años en prisión por un crimen que no habían cometido.

Raymond Parks no podía dejar de pensar y hablar sobre este caso. De hecho, lo pudieron haber asesinado por esforzarse en traerlo a la atención pública. Rosa estaba conmovida por la valentía de Raymond y se sentía orgullosa de él.

En su primera cita, Raymond sacó a pasear a Rosa en su carro deportivo, rojo y lustroso. En la segunda, le propuso matrimonio. Dos años más tarde, en diciembre de 1932, se casaron en Pine Level y, luego, se mudaron a Montgomery, cerca de la Universidad Estatal de Alabama.

LA ASOCIACIÓN NACIONAL PARA EL PROGRESO DE LAS PERSONAS DE COLOR (NAACP)

LA NAACP FUE FUNDADA EL 12 DE FEBRERO DE 1909 Y ES LA ORGANIZACIÓN DE DERECHOS CIVILES MÁS ANTIGUA, GRANDE Y FAMOSA DE ESTADOS UNIDOS. EL RECONOCIDO ESCRITOR E HISTORIADOR W. E. B. DU BOIS FUE UNO DE SUS FUNDADORES. EN PARTE, SE CREÓ PARA DETENER LOS LINCHAMIENTOS (LA CAPTURA Y AHORCAMIENTO DE ALGUIEN, SIN JUICIO PREVIO, POR PARTE DE UN GRUPO DE PERSONAS ENCOLERIZADAS). LA META DE LA NAACP HA SIDO ACABAR CON EL ODIO RACIAL Y AYUDAR A LAS MINORÍAS A QUIENES LES NIEGAN SUS DERECHOS CIVILES. LA NAACP CUMPLIÓ UN SIGLO DE FUNDADA EN EL AÑO 2009.

W. E. B. DU BOIS

Raymond continuó luchando por los muchachos de Scottsboro. Celebraba reuniones en la sala de su casa y Rosa nunca olvidó la primera, porque los hombres llegaron portando armas de fuego. Sentían la necesidad de protegerse porque sabían el peligro que corrían.

Rosa se sentó cabizbaja en el porche trasero. Le entristecía que los afroamericanos temieran por sus vidas solo porque se estaban reuniendo. Aun así, la causa de su marido la estimuló a regresar a la escuela, tal y como él quería.

Rosa obtuvo su diploma de la escuela secundaria en 1934. En esa época, casi ninguna mujer de color de Montgomery se había

graduado; ni siquiera una de cada diez. Rosa se enorgullecía de formar parte del pequeño grupo de personas afroamericanas que contaban con un título. Aun así, no lograba encontrar un trabajo que la incentivase y se empleó como asistente de enfermera en un hospital. También, cosía por su cuenta.

En 1941, consiguió un trabajo de secretaria en Maxwell Field, una base de la fuerza aérea localizada en Montgomery. El presidente Franklin D. Roosevelt había prohibido la segregación en todas las

bases militares de Estados Unidos. Maxwell Field estaba integrada; las personas de color y los blancos trabajaban juntos. Cuando Rosa salía de la base, tenía que transportarse a su casa en un autobús que segregaba a las personas de color, obligándolos a sentarse en la parte trasera. Esto era injusto y la enojaba profundamente. Rosa Parks era una persona pacífica, pero albergaba una rabia que se incrementaba a diario. En poco tiempo, su rabia creció tanto que Rosa supo que tenía que hacer algo al respecto.

Capítulo 4
El llamado a actuar

Raymond estaba frustrado con la NAACP y se retiró de ella en 1943. Sentía que los hombres educados que estaban a su cargo no entendían las necesidades de personas de color, como él, que pertenecían a la clase obrera.

Sin embargo, Rosa decidió unirse al grupo ese mismo año. Fue a la primera reunión con la esperanza de encontrarse con Johnnie Mae Carr, un

viejo amigo de la escuela de la señorita White. Él no fue esa noche pero, de todas formas, Rosa permaneció en el recinto. Como era la única mujer presente, le pidieron que tomase notas para el acta.

Durante los próximos doce años, Rosa prestó sus servicios como secretaria de la NAACP de Montgomery. Fue una de las pocas mujeres que participaron en el movimiento por los derechos civiles en la década del cuarenta. Su jefe se llamaba Edgar Daniel Nixon y trabajaba como mozo de servicio en un tren. Había viajado por todo el país y observado cuan diferente era la vida de las personas de color en el Norte. Nixon quería y soñaba que en el Sur existiese esa misma integración. Creía firmemente en los derechos de la gente de color. Pero, ¿se preocupó por los derechos de las mujeres?

E. D. NIXON

No. Pensaba que solo había un lugar para ellas: la cocina. Cuando Rosa le preguntó si para ella también, comenzó a reírse.

Rosa era una secretaria excelente. Escribía notas a máquina, redactaba cartas, organizaba reuniones y le informaba a la gente sobre los crímenes contra los afroamericanos, incitados por el odio, tales como las golpizas y los linchamientos. Ayudó a que las personas de color, acusadas de crímenes que no habían cometido, encontrasen abogados. También a que personas de color se inscribiesen para votar. Es decir, a que sus nombres aparecieran registrados en las listas de votantes de su distrito para que, el día de las elecciones, pudieran votar.

El voto es uno de los derechos fundamentales de la democracia. Es la manera de expresar quién quieres que te gobierne y qué leyes quieres que se aprueben. A pesar de esto, solo treinta y una de las cincuenta mil personas de color que vivían en Montgomery estaban inscritas para votar y ¡algunas de ellas habían fallecido! Rosa decidió cambiar las

cosas comenzando por ella misma: Se propuso ins-
cribirse para votar.

Hacerlo no fue tarea fácil. La oficina de inscripción solo atendía durante horarios específicos que
coincidían con los de la mayoría de la gente que
trabajaba. A continuación, debía tomar una prueba

de lectura que solo se administraba a las personas de color, no a los blancos.

La prueba no era realmente sobre lectura, sino un largo y difícil cuestionario sobre reglamentos gubernamentales que la mayoría de la gente no podía contestar. Rosa presentó el examen tres veces antes de pasarlo y, el día que recibió por correo su comprobante de inscripción, se emocionó mucho. Sin embargo, Rosa aún no podía votar porque tenía que pagar un impuesto al sufragio. De acuerdo con la ley de Alabama, a partir de los veintiún años los votantes estaban obligados a pagar un impuesto anual de $1.50 para poder votar. Como Rosa ya tenía

treinta y dos años, debía once años de impuesto, es decir, $16.50. Esto no parecería ser mucho dinero actualmente pero, en 1945, una entrada al cine podría costar diez centavos y un cono de helado, cinco. A pesar de que $16.50 era mucho dinero, Rosa los pagó y, cuando llegó el día de las elecciones, emitió su voto para elegir al gobernador de

Alabama. Rosa estaba emocionada pero, también, enojada porque para lograr ejercer ese derecho tuvo que pasar por un proceso largo, difícil y costoso. Muchas personas de color no iban a poder superar esos obstáculos y, a su vez, ella sabía que el voto era una herramienta con la que la población de color podría mejorar su vida. "Con el voto tendremos voz", afirmó.

Para que esa voz se escuchase, había que aumentar su volumen. El voto de Rosa no era suficiente por lo que era necesario que otras personas de color que vivían en el Sur votasen. Rosa Parks estaba decidida a ayudarlos a formalizar su inscripción como votantes.

Capítulo 5
Al fondo del autobús

Al terminar la Segunda Guerra Mundial en 1945, los soldados estadounidenses regresaron a su patria. Entre ellos estaba el hermano de Rosa, Sylvester, quien había formado parte de una unidad médica del ejército, cuyo trabajo era retirar, en camillas, soldados heridos

SYLVESTER MCCAULEY

en el campo de batalla. Prestó servicio en Europa y en el Pacífico Sur. En Europa, se consideraba a los soldados de color tan héroes como los blancos pero, al regresar a Estados Unidos, confrontaban los mismos prejuicios de antes de comenzar la guerra.

Sylvester regresó a Alabama pero, esta vez, le fue muy difícil soportar los insultos y amenazas de los racistas blancos. Se mudó con su familia a Detroit, Michigan, y les imploró a Rosa y a Raymond que se trasladaran con ellos a esta ciudad del Norte.

Rosa visitó Detroit y, en efecto, le sorprendió ver a pasajeros de color sentados junto a los blancos en los autobuses públicos. Pero, en muchos otros aspectos, Detroit no era muy diferente a Montgomery.

En 1943, treinta y cuatro personas, entre blancas y de color, murieron, y cientos resultaron heridas a raíz de disturbios raciales en la ciudad. Rosa y Raymond decidieron no mudarse al Norte.

La vida de Rosa se hacía cada vez más difícil. Los problemas de salud de Raymond le impedían ganar suficiente dinero y, ahora, la madre de Rosa vivía con ellos. Rosa trabajaba limpiando casas de familias blancas. También cosía en una sastrería y, tiempo después, en una tienda por departamentos.

Aun así, Rosa continuaba trabajando gratis para la NAACP y se convirtió en consejera del grupo

de jóvenes de la organización. Aunque Raymond y ella no habían tenido hijos, le fascinaban los niños y sentía un vínculo especial con ellos. Instaba a los jóvenes de color a integrarse a la biblioteca pública de Montgomery pero, cada vez que intentaban sacar libros, se los prohibían.

En la mente de Rosa, siempre estaban presentes los autobuses públicos. Las reglas para viajar en ellos eran complicadas. Cada autobús tenía treinta y seis asientos. Las filas delanteras estaban asignadas a los pasajeros blancos y las traseras a los pasajeros de color. Las del medio eran para ambos, con la salvedad de que las personas de color no podían viajar sentadas con personas blancas en la misma fila.

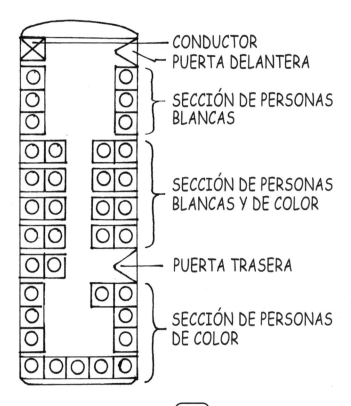

CONDUCTOR
PUERTA DELANTERA

SECCIÓN DE PERSONAS
BLANCAS

SECCIÓN DE PERSONAS
BLANCAS Y DE COLOR

PUERTA TRASERA

SECCIÓN DE PERSONAS
DE COLOR

Es decir, si una persona blanca se sentaba en una fila donde había personas de color, todos ellos tenían que levantarse y mudarse a otra. Inclusive, si la parte trasera del autobús estaba llena y la del frente vacía, los pasajeros de color no podían sentarse en esta sino que tenían que viajar parados en el fondo.

Rosa se sentía avergonzada cada vez que tenía que abordar uno de estos autobuses, pero dependía de ellos para llegar al trabajo. Lo mismo le ocurría a otra gente de color. Dónde sentarse en un autobús podría parecer una tontería pero no lo era; representaba algo importante. Una tarde, Rosa pagó su pasaje y se montó en el autobús que cubría la ruta de la avenida Cleveland. Estaba tan atestado de gente que las personas de color al fondo permanecían paradas, apiñadas, ocupando incluso las escalerillas de salida. Rosa había entrado por la puerta delantera y, mientras avanzaba hacia el fondo, el conductor le ordenó que bajase del autobús para que ingresase, esta vez, por la puerta trasera.

Rosa se negó y cuestionó por qué tenía que

bajarse para luego montarse nuevamente. El conductor le dijo que tenía que obedecerlo, pero Rosa
no se movió.

El conductor detuvo el autobús, la agarró por
el abrigo y comenzó a sacarla a empujones. Antes
de llegar a la puerta delantera, Rosa se sentó en un
asiento vacío; un asiento asignado a una persona
blanca.

El conductor le gritó: "¡Bájese de mi autobús!".
Rosa finalmente accedió pero ya había logrado
dejar en claro su postura.

Capítulo 6
La visita a la escuela Highlander

En 1954, Rosa estableció una importante amistad con Virginia Durr. Virginia era una mujer blanca que nació y creció en Birmingham, Alabama. La criaron enseñándole que la gente blanca era mejor que la gente de color. Sin embargo, se fue

a Massachusetts a hacer sus estudios universitarios en el Wellesley College. Allí sus creencias comenzaron a cambiar. Tomó clases con estudiantes de color y compartió con ellos la misma mesa en sus horas de comida. Más adelante, se casó con un abogado, de nombre Clifford Durr, que creía en el derecho a la igualdad para la gente de color. La pareja se estableció en Montgomery, y Clifford abrió allí su despacho legal el cual atrajo una clientela predominantemente afroamericana. Virginia trabajaba

VIRGINIA Y CLIFFORD DURR

con grupos de mujeres de color y también formaba parte de un grupo de oración.

Fue allí donde Virginia y Rosa iniciaron su amistad. Tenían muchas cosas que contarse y conversaron infatigablemente sobre cómo acabar con el racismo. Virginia describió a Rosa como una

persona pacífica pero valiente. Se dio cuenta de que la gente la respetaba mucho y que tenía buen sentido del humor cuando se sentía en confianza con los demás. Aunque su amistad llegó a ser muy estrecha, Rosa nunca llamó a Virginia por su nombre de pila. Durante veinte años, se dirigieron la una a la otra como señora Parks y señora Durr.

Virginia propició que Rosa pudiese acudir a un taller de entrenamiento de diez días que ofrecía una escuela de Monteagle, Tennessee, llamada Highlander. Enseñaba a la gente a luchar por los derechos de los trabajadores y por la igualdad de derechos de la población de color. Los estudiantes provenían

del norte, sur, este y oeste del país y eran afroamericanos, blancos, jóvenes y adultos. Mucha gente famosa como el Reverendo Martin Luther King, Jr. asistieron a esa escuela.

A Rosa le encantaba la idea de ir al taller en Tennessee. En julio de 1955, pidió un permiso no remunerado en la sastrería donde trabajaba y partió con una maleta que le prestó una de las hijas de Virginia Durr.

El taller le abrió los ojos a Rosa. Por primera vez en sus cuarenta y dos años de vida, estaba rodeada de gente a quienes no parecía importarles la raza. No tomaban en cuenta el color de piel y los blancos trataban a las personas de color con dignidad y respeto. Las tareas domésticas se asignaban equitativamente, no le pedían a Rosa que les sirviera a los blancos y ella trabajó junto a ellos como una igual. Rosa tomó clases sobre el derecho al voto y la desegregación.

Al comienzo estaba nerviosa pero, como todos eran tan afectuosos y amigables con ella, pronto se relajó. Pudo compartir lo que era ser una mujer de color y pobre en el Sur y participaba en las actividades de canto. El primer lugar donde el tema "We Shall Overcome" (Venceremos) se hizo popular fue en esta escuela.

Cuando finalizó el taller en Tennessee, a todos se les asignó una tarea. Tenían que identificar las cosas que podrían producir cambios en sus pequeños pueblos de origen. Rosa no creía que algún cambio fuera posible en Montgomery, Alabama. Sin embargo, el tiempo que pasó en Tennessee la había transformado. Regresó sintiéndose más fuerte y motivada, y quería seguir luchando por la igualdad.

"VENCEREMOS"

ALREDEDOR DEL AÑO 1900, EL REVERENDO CHARLES TINDLEY ESCRIBIÓ LA CANCION EVANGÉLICA "WE SHALL OVERCOME". ZILPHIA HORTON, QUIEN ERA LA DIRECTORA MUSICAL DE LA ESCUELA EN TENNESSEE A DONDE ACUDIÓ ROSA, LA DESCUBRIÓ MUCHOS AÑOS DESPUÉS Y COMENZÓ A ENSEÑARLA. CON EL TIEMPO, SE LE HAN AÑADIDO PALABRAS Y VERSOS PERO SE HA MANTENIDO COMO UNA CANCIÓN SENCILLA Y PODEROSA. PERSONAS BLANCAS Y DE COLOR LA CANTARON JUNTOS, TOMADOS DE LAS MANOS, DURANTE MARCHAS. "VENCEREMOS" SE CONVIRTIÓ EN EL TEMA EMBLEMÁTICO DEL MOVIMIENTO DE LOS DERECHOS CIVILES. ESTOS SON ALGUNOS DE SUS VERSOS MÁS FAMOSOS:

VENCEREMOS
VENCEREMOS
ALGÚN DIA, VENCEREMOS
DESDE LO MÁS PROFUNDO DE MI CORAZÓN
CREO QUE,
ALGÚN DIA, VENCEREMOS

Capítulo 7
Un nuevo día

Ahora, a Rosa le incomodaba más viajar en los autobuses segregados de Montgomery. Pensaba que no era justo que se tratase a la gente de color de esa manera y, muchas veces, prefirió caminar a montarse en autobús. En su trabajo en la tienda por departamentos la situación no era mucho mejor.

Tenía que sonreír y responder cortesmente aun cuando la gente fuese grosera con ella. Continuó trabajando para la NAACP y conoció a Martin Luther King, Jr. quien era el nuevo clérigo de la iglesia afroamericana más importante de la ciudad, la Iglesia Bautista de la Avenida Dexter. También conoció a Adam Clayton

MARTIN LUTHER KING, JR.

ADAM CLAYTON POWELL, JR.

Powell, Jr., un congresista de color de la ciudad de Nueva York. Rosa tenía esperanzas de que ambos hombres ayudarían a las personas de color de Montgomery.

MARTIN LUTHER KING, JR.

EL DOCTOR MARTIN LUTHER KING, JR., CREÍA EN LA PROTESTA NO VIOLENTA. A MEDIADOS DE LOS AÑOS SESENTA, ORGANIZÓ SENTADAS EN LAS BARRAS DE ALMUERZO DE LOS RESTAURANTES DEL SUR. GRUPOS DE ESTUDIANTES DE COLOR SE SENTABAN Y PEDÍAN SER ATENDIDOS. A PESAR DE QUE SIEMPRE LES DECÍAN QUE NO LES SERVIRÍAN, SE NEGABAN A LEVANTARSE E IRSE. CON FRECUENCIA, LA POLICÍA LOS ARRESTABA Y LOS TRATABA MAL. A PESAR DE ESTO, LOS ESTUDIANTES SIEMPRE RESPONDÍAN CORTESMENTE Y NO CONTRAATACABAN. EN UN MOMENTO DADO, LAS SENTADAS LOGRARON CAPTAR LA ATENCIÓN NACIONAL.

AL DOCTOR KING LO ARRESTARON TREINTA VECES POR SU ESTILO DE DESOBEDIENCIA CIVIL. SUS DISCURSOS Y SUS GESTAS INSPIRARON A LOS AFROAMERICANOS A UNIRSE AL MOVIMIENTO DE DERECHOS CIVILES. MURIÓ DE UN DISPARO EN MEMPHIS, TENNESSEE, EN ABRIL DE 1968.

El martes 1 de diciembre de 1955, Rosa salió de su trabajo un poco antes de las cinco. Caminó hasta Court Square para tomar el autobús de la ruta Avenida Cleveland. Se montó en él y pagó su pasaje. Fue entonces que se dio cuenta de que el conductor era el mismo que había tratado de sacarla a rastras del autobús hacía doce años. Se llamaba Jim Blake.

Rosa no dijo nada y se sentó en uno de los asientos reservados para las personas de color. El autobús se llenó rápidamente y no quedaron asientos disponibles en la sección de los blancos.

En su autobiografía, Rosa Parks describe lo que ocurrió a continuación. Un hombre blanco no tenía dónde sentarse y Blake le pidió a gritos a Rosa y a otras personas de color en su fila que se levantasen porque él quería esos dos asientos. Al principio, nadie se movió o habló por lo que Blake gritó con más fuerza: "Les recomiendo que se eviten mayores problemas dejándome libres esos asientos".

Dos hombres y una mujer que estaban en la fila de Rosa se levantaron y ella los dejó pasar. En vez de pararse, ella se corrió hasta la ventana. Tiempo después, reveló que se mantuvo sentada porque "mientras más cedíamos y cumplíamos, peor nos trataban".

El conductor caminó hasta donde Rosa y le preguntó, gruñendo, si se iba a levantar. En tono tranquilo, pero firme, Rosa le contestó que no.

"Entonces haré que la arresten", le dijo el conductor.

Rosa le respondió: "Sírvase hacerlo".

Todos los pasajeros se mantenían callados. Rosa
pensó en su abuelo y su arma de fuego, y en todo
los insultos que había escuchado durante tantos
años. Sentía que contaba con las fuerzas de sus

ancestros. Tomó una decisión que no estaba dispuesta a cambiar.

El conductor llamó a la policía y, a los pocos minutos, llegó una patrulla. Los oficiales sacaron a Rosa del autobús pero no la esposaron ni le hicieron daño. Rosa percibió que estaban cansados y que no querían lidiar con un delito menor.

Aun así, la llevaron a la jefatura de la municipalidad y allí le tomaron las huellas digitales y le abrieron un expediente. Cuando pidió usar el bebedero, le dijeron que era solo para blancos y que para beber agua tendría que esperar a que llegara a la cárcel.

¡A la cárcel!

¿Cómo podían encarcelarla por tan solo querer mantenerse en su asiento? A Rosa la condujeron por un pasillo largo y oscuro y la encerraron en una celda. Le permitieron hacer una llamada. Contactó a su madre y esta se preocupó mucho. Quería saber si la habían golpeado y ella le aclaró que no.

Raymond Parks tomó un vehículo prestado y se fue a buscar a Rosa. Para entonces, otras personas ya se habían enterado del arresto. La fianza se fijó en cien dólares pero ni los Parks, ni Virginia y Clifford Durr contaban con tanto dinero. Afortunadamente, Edgar Nixon, de la NAACP, pudo pagarla y liberaron a Rosa.

La primera persona con quien ella tuvo contacto fue Virginia Durr. Esta se alegró al ver que no estaba esposada y se dieron un fuerte abrazo.

Rosa regresó a su casa totalmente

exhausta. La iban a someter a juicio pero, sin perder tiempo, Nixon le pidió que pensara más allá. Quería que Rosa considerase entablar una demanda judicial contra la compañía de autobuses de la ciudad. Las personas demandan a otras o a empresas cuando sienten que les han hecho algo injusto.

La demanda de Rosa sería para pedir a los jueces que dictaminaran que el reglamento de asignación

de asientos de los autobuses públicos era ilegal. Si accedían, todas las personas, blancas o de color, podrían sentarse donde quisieran.

Al principio, Raymond no quería que Rosa demandase porque temía que la pudiesen herir o, incluso, matar. Rosa comprendía su postura. Como mínimo, perdería el trabajo y quizás la arrestarían nuevamente. Además, no sabía cómo un juicio podría afectar a su madre, que ya estaba vieja y enferma.

Rosa lo pensó bien y accedió a presentar la demanda. Quería contribuir a tumbar las leyes Jim Crow. La población afroamericana merecía la misma libertad que disfrutaba la blanca. Nixon se alegró mucho porque pensaba que Rosa era la persona adecuada para presentar la demanda. Ella trabajaba con ahínco y no tenía un expediente criminal. En su autobiografía, Rosa explica que ningún blanco podía señalarla ni decir que había hecho algo que la hiciera merecedora de semejante trato, excepto haber nacido con la piel de color.

NELSON MANDELA

EN 1990, ROSA PARKS CONOCIÓ A NELSON MANDELA, EL GRAN LÍDER DE COLOR DE SURÁFRICA QUE ACABÓ CON EL PERVERSO SISTEMA DE SEGREGACIÓN Y DISCRIMINACIÓN RACIAL EN SU PATRIA.

NELSON MANDELA NACIÓ EN 1918. SU PADRE ERA UN JEFE SUPREMO DE LA TRIBU DE LOS TEMBU. MANDELA SE CONVIRTIÓ EN ABOGADO Y TRATÓ DE COMBATIR LAS LEYES DE SEGREGACIÓN. ESTE SISTEMA DE LEYES CONTRA LA POBLACIÓN DE COLOR DE SURÁFRICA PERMITÍA QUE LOS BLANCOS EN POSICIONES DE PODER ASESINARAN, ESCLAVIZARAN, ENCARCELARAN Y PERSIGUIERAN A LOS CIUDADANOS DE COLOR LEGALMENTE. TAMBIÉN OBLIGABA A LOS CIUDADANOS BLANCOS Y A LOS DE COLOR A VIVIR, TRABAJAR Y VIAJAR SEPARADOS. ESTE MALVADO SISTEMA SE MANTUVO POR DÉCADAS HASTA QUE HOMBRES VALIENTES COMO MANDELA CONTRIBUYERON A ELIMINARLO. A ÉL LO ENCARCELARON POR VEINTISIETE AÑOS Y, DURANTE ESTE TIEMPO TRAS LAS REJAS, SU FAMA CRECIÓ HASTA LLEGAR A CONSTITUIRSE EN EL LIDER DE COLOR MÁS IMPORTANTE DE SURÁFRICA Y EN UN SÍMBOLO DE RESISTENCIA. TRAS SER LIBERADO EL 11 DE FEBRERO DE 1990, PROSIGUIÓ SU LUCHA Y SE CONVIRTIÓ EN LA PRIMERA PERSONA DE COLOR ELEGIDA PRESIDENTE DE SURÁFRICA. EN 1993, GANÓ EL PREMIO NOBEL DE LA PAZ.

Fred Gray era uno de los dos únicos abogados afroamericanos de Montgomery. Accedió a tomar el caso de Rosa sin cobrar honorarios. Pero Rosa necesitaba algo más que un buen abogado. Era importante que toda las personas de color

FRED GRAY

de la comunidad de Montgomery la respaldaran y que, al igual que ella, se sublevasen contra las compañías de autobuses.

Capítulo 8
"¡Hoy no hay pasajeros!"

Existen muchas maneras de protestar. Algunas veces, la población marcha portando pancartas para apoyar su causa y, otras, boicotean una empresa. Esto implica no comprar los productos o usar los servicios de esa compañía.

El abogado de Rosa quería que toda la población afroamericana de Montgomery participase de un boicot, evitando usar los autobuses públicos por todo un día.

Esto podría provocar que las compañías de autobuses se diesen cuenta de cuánto necesitaban a los pasajeros de color puesto que, sin ellos, perderían mucho dinero. Para lograr que los pasajeros de color retomasen el servicio, tendrían que tratarlos mejor. Nixon y sus allegados escogieron el lunes 5 de diciembre de 1955 como fecha para el boicot porque esa día era el juicio de Rosa.

Los estudiantes y profesores de la Universidad Estatal de Alabama imprimieron miles de volantes que informaban sobre el boicot y, por toda la ciudad, se colgaron afiches que decían "No olvides que estamos luchando por una causa".

No olvides que estamos luchando por una causa. No tomes el autobús hoy.

CLAUDETTE COLVIN

NUEVE MESES ANTES DE QUE ARRESTARAN A ROSA PARKS, UNA ESTUDIANTE DE SECUNDARIA, DE NOMBRE CLAUDETTE COLVIN, SE HABÍA NEGADO A CEDER SU ASIENTO EN UN AUTOBÚS URBANO DE MONTGOMERY EN EL QUE VIAJABA A LA ESCUELA. EL 2 DE MARZO DE 1955, UN CONDUCTOR LE ORDENÓ A ELLA Y A OTROS TRES PASAJEROS DE COLOR QUE LES CEDIERAN SUS ASIENTOS A CUATRO PASAJEROS BLANCOS. CLAUDETTE COLVIN SE NEGÓ POR LO QUE EL CONDUCTOR LLAMÓ A LA POLICÍA Y UNO DE LOS OFICIALES LA PATEÓ Y TUMBÓ LOS LIBROS QUE PORTABA EN SUS BRAZOS. MIENTRAS LLORABA, LA ESPOSARON Y ENCARCELARON HASTA QUE FINALMENTE LA LIBERARON. A PESAR DE QUE RECIBIÓ UN TRATO HORRIBLE, EDGAR NIXON CONSIDERABA QUE NO ERA LA PERSONA MÁS ADECUADA PARA IMPUGNAR LA SEGREGACIÓN EN LOS AUTOBUSES. TENÍA QUINCE AÑOS, ESTABA EMBARAZADA Y LA POLICÍA LA HABÍA ACUSADO DE DECIR GROSERÍAS, LO CUAL ELLA NEGÓ. PARA LA

NAACP, ROSA PARKS ERA UNA MEJOR REFERENCIA EN EL TEMA DE LOS DERECHOS CIVILES. CLAUDETTE COLVIN FUE TAN VALIENTE COMO ROSA PERO, MUCHAS VECES, SU NOMBRE NO SE INCLUYE EN LA HISTORIA DEL MOVIMIENTO DE DERECHOS CIVILES.

El viernes se repartieron los volantes en las calles, escuelas, tiendas, barberías, salones de belleza y también en las fábricas. Ya en la tarde, casi todas las personas de color de Montgomery lo habían recibido. Edgar Nixon ayudó contactando a los clérigos de color de la ciudad y, ese domingo, muchos de ellos pidieron a sus feligreses que apoyaran el boicot.

Lo que quedaba por saber era si la población de color usaría o no los autobuses el lunes. La mañana de ese día, Rosa se encontraba nerviosa mirando detenidamente a través de su ventana. Un autobús vacío pasó por la avenida Cleveland y otros dos, también vacíos, por la calle Jackson Sur al otro lado de la ciudad.

Pronto, las calles se llenaron de ciudadanos de color caminando a las escuelas y a las fábricas o a sus trabajos en el centro de la ciudad. Estaban felices de cumplir con su parte. En los vecindarios donde vivían personas de color, los niños corrían tras los autobuses vacíos gritando: "¡Hoy no hay pasajeros!".

Era la primera vez que la comunidad de personas de color de Montgomery participaba unida en una protesta y, gracias a ello, las compañías de autobuses cayeron en cuenta de lo mucho que su negocio dependía de los pasajeros de color.

El boicot fue un éxito total y ¡duró más de un año!

Las personas de color de Montgomery iban a sus escuelas, trabajos e iglesias caminando.

Los líderes organizaron un sistema de autos y camionetas privadas para ayudar. Los taxis transportaban pasajeros por solo diez centavos, el mismo precio de un pasaje en autobús. A todo lo largo del país, la gente demostró su apoyo enviando dinero que ayudó a pagar la gasolina y otros gastos.

Muchos blancos estaban enojados. Empezaron a despedir a las personas de color de sus trabajos, incluyendo a Rosa. El propietario de la barbería donde trabajaba Raymond, a medio tiempo, amenazó con que botaría a cualquier empleado que hablase sobre el boicot. En acción de protesta, Raymond renunció. Para apañárselas, Rosa tuvo entonces que tomar trabajos de costurera. Aun así, la comunidad de personas de color se mantuvo unida y fuerte.

El 5 de diciembre de 1955 comenzó el juicio de Rosa. Jim Blake, conductor del autobús, era el testigo principal y dos mujeres blancas que viajaban en el autobús ese día también rindieron declaración. Mintieron al decir que había un asiento libre

en la parte trasera que Rosa se negó a ocupar.

Rosa no presentó su versión de los hechos a los jueces porque su abogado no quiso. De hecho, él buscaba que a ella se la declarase culpable para que, así, el caso pasase a una corte superior que tendría la potestad de abolir los reglamentos de los autobuses.

Sus deseos se hicieron realidad cuando, a los pocos minutos, declararon culpable a Rosa y le pusieron una multa de catorce dólares.

No todo acabó ahí. Por el contrario, este era solo el comienzo.

El abogado de Rosa apeló el veredicto, lo cual significa que consideraba que no era justo. Ahora los jueces de una corte superior escucharían la versión de Rosa. Raymond tenía razón al temer por Rosa puesto que ella comenzó a recibir amenazas de muerte por teléfono. Otros líderes de derechos civiles también fueron amenazados. Al Reverendo King le bombardearon la casa porque se había pronunciado a favor del boicot.

Ahora que no tenía empleo, Rosa podía dedicarle más tiempo y energía al boicot. Comenzó a dar charlas en iglesias y en reuniones de la NAACP sobre sus experiencias y, de esa manera, recaudó dinero que ayudó a mantener el boicot. Incluso, voló a Nueva York para dar un discurso en el Madison Square Garden. En esa ciudad conoció a Eleanor Roosevelt, esposa del expresidente Franklin

ELEANOR ROOSEVELT

ELEANOR ROOSEVELT FUE LA ESPOSA DE FRANKLIN ROOSEVELT, PRESIDENTE DE LA NACIÓN DESDE 1933 HASTA 1945. FUE UNA GRAN DEFENSORA DE LOS DERECHOS CIVILES. DURANTE UNA CONFERENCIA EN BIRMINGHAM, ALABAMA, EN 1938, SE RETIRÓ DE LA SECCIÓN DESTINADA PARA LOS BLANCOS EN EL AUDITORIO PORQUE, EN VEZ DE PERMANECER ALLÍ, QUERÍA SENTARSE CON SUS AMISTADES AFROAMERICANAS EN SU SECCIÓN AL OTRO LADO DEL PASILLO. UN POLICÍA LE INDICÓ QUE ESTABA INFRINGIENDO LA LEY. LE COLOCARON UNA SILLA EN EL CENTRO DEL PASILLO Y ELLA SE SENTÓ AHÍ. EL AÑO SIGUIENTE, HIZO PÚBLICO SU RETIRO DE "HIJAS DE LA REVOLUCIÓN ESTADOUNIDENSE" DESPUÉS DE QUE DICHA ORGANIZACIÓN SE NEGARA A PERMITIR QUE LA CANTANTE AFROAMERICANA MARIAN ANDERSON SE PRESENTARA EN SU AUDITORIO.

Roosevelt y quien llevaba muchos años trabajando en defensa de los derechos civiles.

Finalmente, el 13 de noviembre de 1956, todo el arduo trabajo dio sus frutos. La Corte Suprema de Estados Unidos, la más importante de la nación, determinó que la segregación era inconstitucional.

El Dr. Martin Luther King, Jr. declaró que esta era una victoria para la humanidad. "En el fondo, el universo está del lado de la justicia", añadió.

En diciembre de 1956, la comunidad afroamericana de Montgomery estaba lista para transportarse nuevamente en los autobuses pero, esta vez, no tenían que sentarse en la parte trasera. Rosa se montó en el autobús de la ruta Avenida Cleveland con un periodista y un fotógrafo de la revista *Look*.

Al volante estaba Jim Blake, el mismo conductor que propició su arresto. Rosa lo ignoró, se sentó en uno de los asientos delanteros y el fotógrafo le tomó la foto más famosa que se haya hecho de ella.

Rosa Parks se había convertido en una heroína.

Capítulo 9
Avanzando

Sí, Rosa era una heroína. Muchos consideran que su sencillo acto de protesta, al negarse a ceder su puesto en un autobús, marca el comienzo del poderoso movimiento de los derechos civiles de los años sesenta. Sin embargo, sus dificultades no cesaron. Siguió recibiendo cartas y llamadas amenazantes,

por lo que Raymond comenzó a dormir con un arma de fuego cargada a su alcance.

Nadie quería darle trabajo a Rosa. Para poder sobrevivir, ella y a su familia se vieron obligados a mudarse de Montgomery.

Rosa se mudó con Raymond y su mamá a Detroit, donde todavía vivía su hermano Sylvester. Encontraron un apartamento en el vecindario West

Side. Raymond ingresó en una escuela de barbería para obtener la licencia del estado de Michigan. Rosa encontró trabajo como costurera de delantales y faldas en la empresa de confección Stockton Sewing Company, ubicada en

el centro de la ciudad. Le gustaba su trabajo porque era tranquilo. Además, se afilió a una iglesia local y continuó luchando por los derechos civiles.

En agosto de 1963, Rosa acudió a una histórica marcha por los derechos civiles en Washington, D.C. Fue aquella en la que el Dr. King pronunció su famoso discurso *Tengo un sueño* (en inglés, *I Have a Dream*) frente al Monumento a Lincoln. A Rosa le emocionó ver allí a más de doscientas mil personas, blancas y de color.

Aunque la actriz Josephine Baker habló, a Rosa la decepcionó que las mujeres no tuviesen un papel

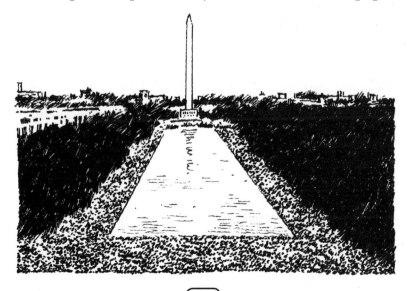

más protagónico en el evento. A pesar de esto, ya estaban ocurriendo algunos cambios importantes.

En 1964, el presidente Lyndon Johnson firmó la Ley de Derechos Civiles, la cual ahora obligaba, entre otras cosas, a que se tratase con igualdad a la gente de color, tanto en el trabajo como en la compra de una vivienda.

Al año siguiente, la Ley del Derecho al Sufragio acabó con todas las medidas que impedían, injustamente, que las personas de color votasen. Esta era la causa por la que Rosa había luchado con más ahínco.

En la medida en que más personas de color votaban, más candidatos de color comenzaron a

LA LEY DE DERECHOS CIVILES DE 1964

LA LEY DE DERECHOS CIVILES DE 1964, QUE FIRMÓ EL PRESIDENTE JOHNSON, MARCÓ UN GRAN HITO EN EL RECONOCIMIENTO DE LOS DERECHOS CIVILES DE LAS MINORÍAS. ACABÓ CON LAS LEYES JIM CROW QUE IMPUSIERON LA SEGREGACIÓN EN EL SUR POR TANTO TIEMPO. A PARTIR DE ENTONCES, LOS ESTABLECIMIENTOS PÚBLICOS COMO RESTAURANTES, TEATROS, BIBLIOTECAS Y HOTELES TENÍAN QUE PRESTAR SERVICIOS A TODAS LAS PERSONAS, NO SOLO A LOS BLANCOS. LAS ESCUELAS QUE NO ADMITÍAN ESTUDIANTES DE COLOR ERAN LLEVADAS A LOS TRIBUNALES Y LAS EMPRESAS QUE TUVIESEN MÁS DE QUINCE EMPLEADOS TENÍAN QUE TRATARLOS A TODOS CON IGUALDAD.

LUEGO, EN 1965, SE PROMULGÓ LA LEY NACIONAL DEL DERECHO AL SUFRAGIO, QUE TIENE LA MISMA IMPORTANCIA. ESTA DISPUSO QUE ES ILEGAL, EN TODOS LOS ESTADOS, IMPEDIRLE A UNA PERSONA VOTAR BASÁNDOSE EN SU RAZA O EL COLOR DE SU PIEL. EL CONGRESO ANULÓ EL REQUISITO DE PASAR PRUEBAS DE LECTURA O DE ALFABETISMO INJUSTAS PARA PODER REGISTRARSE COMO VOTANTES.

incursionar en la política. En 1964, John Conyers, Jr., de Detroit, compitió por un escaño en la Cámara de Representantes de Estados Unidos. Rosa colaboró con su campaña y, cuando ganó, se fue a trabajar con él a tiempo completo. Contestaba las cartas que recibía, organizaba el registro de votantes y les buscaba empleos y hogares a las personas que lo necesitaran. Era un trabajo muy similar al que hizo para la NAACP pero, esta vez, remunerado.

JOHN CONYERS, JR.

A mediados de la década del sesenta, el Dr. Martin Luther King, Jr. era el defensor de los derechos civiles más famoso de Estados Unidos. Rosa lo admiraba muchísimo pero no siempre estaba de acuerdo con su mensaje de la no violencia. El Dr. King nunca apoyó el contraataque. En una ocasión, un hombre blanco lo golpeó en el rostro durante un discurso y él no le devolvió el golpe. Él buscaba dar amor en lugar del odio, un concepto que Rosa nunca llegó a comprender, según admitió más tarde. A ella le impresionaban las palabras de Malcolm X, otro famoso líder de color quien alentó a las personas de color a ser fuertes y a defenderse por sí mismas. Algunas veces, eso implicaba pelear para defenderse.

El movimiento de los derechos civiles se fortaleció a lo largo de la década del sesenta. Pero con el crecimiento y la fuerza vinieron el pesar y el dolor. Muchas iglesias afroamericanas fueron bombardeadas y tanto Malcolm X como Martin Luther King, Jr. fueron asesinados con armas de fuego en 1965 y 1968, respectivamente. Rosa lloró todas estas pérdidas.

En 1975, Rosa regresó a Montgomery con motivo del vigésimo aniversario del boicot a la compañía de autobuses públicos. Mucho había cambiado; Alabama tenía quince legisladores

MALCOLM X

EL 19 DE MAYO DE 1925, NACIÓ EN OMAHA, NEBRASKA, MALCOLM LITTLE. GRAN PARTE DE SU INFANCIA LA PASÓ EN CASAS DE ACOGIDA Y EN ORFANATOS. SE CONVIRTIÓ EN DELINCUENTE Y FUE ENVIADO A PRISIÓN. ALLÍ, SE CONVIRTIÓ EN MUSULMÁN Y DECIDIÓ CAMBIAR SU APELLIDO A "X" PORQUE CONSIDERABA QUE "LITTLE" HABÍA SIDO CREADO PARA LOS ESCLAVOS. CON "X" BUSCABA REPRESENTAR EL APELLIDO TRIBAL AFRICANO QUE HABÍA PERDIDO. CUANDO SALIÓ DE LA CÁRCEL, SE CONVIRTIÓ EN CLÉRIGO. LA GENTE LO ADMIRABA Y SU POPULARIDAD ENTRE LA COMUNIDAD AFROAMERICANA CRECIÓ. AL PRINCIPIO, MALCOLM X NO BUSCABA MEJORAR LAS RELACIONES INTERRACIALES Y PENSABA QUE LOS AFROAMERICANOS DEBÍAN CONSTRUIR SUS PROPIAS COMUNIDADES, SEPARADAS DE LOS BLANCOS. SIN EMBARGO, EN 1964 VIAJÓ A LA CIUDAD SAGRADA DE LA MECCA, EN ARABIA SAUDITA, Y, SEGÚN DIJO, ALLÍ CONOCIÓ A "HOMBRES DE PELO RUBIO Y OJOS AZULES A LOS QUE PODÍA LLAMAR HERMANOS". CUANDO REGRESÓ A ESTADOS UNIDOS, COMENZÓ A HABLAR DE LA CONVIVENCIA ENTRE TODAS LAS RAZAS. EN 1965, MALCOLM X FUE ASESINADO A TIROS MIENTRAS DABA UN DISCURSO EN LA CIUDAD DE NUEVA YORK.

afroamericanos en el gobierno estatal.

A partir de 1968, Shirley Chisholm, una mujer afroamericana de Brooklyn, Nueva York, fue miembro del Congreso estadounidense. Muchas ciudades

SHIRLEY CHISHOLM

comenzaron a tener alcaldes afroamericanos y se empezaron a dictar cursos en muchas universidades sobre la cultura, historia, costumbres, política y economía de los afroamericanos. El trabajo de artistas y escritores afroamericanos comenzó a

despertar interés y apoyo. Rosa se sentía orgullosa y feliz con estos progresos.

En su vida privada, Rosa no era tan feliz. En 1977, Raymond murió de cáncer y, tres meses más tarde, falleció su hermano de la misma enfermedad. Su madre estaba tan vieja y frágil que tuvieron que trasladarla a un hogar de ancianos.

Rosa se quedó sola pero aún mantenía su trabajo con John Conyers, Jr. y sus actividades en la iglesia. En 1987, ella y una amiga fundaron en Detroit el Instituto Rosa y Raymond Parks para

el Desarrollo Personal. Rosa siempre sintió un vínculo especial con los jóvenes y el instituto ofrecía programas para ayudarlos a continuar su educación.

A medida que envejecía, sus logros gozaron de un mayor reconocimiento. En 1979, la NAACP le otorgó  la medalla Spingarn. En 1996, el presidente Bill Clinton la condecoró con la Medalla Presidencial de la Libertad. En 1999, recibió la Medalla de Oro del Congreso y la revista *TIME* la nombró una de las veinte personas más importantes del siglo XX. Recibió premios, medallas y títulos honoríficos en todo el mundo. En el año 2000, se inauguró en Montgomery la Biblioteca y Museo Rosa Parks.

Rosa se retiró en 1988, a los setenta y cinco años de edad.

En el tiempo que entonces tuvo disponible, escribió un libro autobiográfico con la ayuda del escritor Jim Haskins. Se llama *Rosa Parks: Mi vida*, y se publicó en 1992. También escribió *Querida Rosa Parks: Un diálogo con la juventud actual* (en inglés, *Dear Mrs. Park: A Dialogue with Today's Youth*); una compilación de la correspondencia que había sostenido con niños y jóvenes. En 1994, se publicó *Fuerza*

silenciosa (en inglés, *Quiet Strength*), otro libro de su autoría.

Rosa murió el 24 de octubre de 2005, a los noventa y dos años de edad. Antes del funeral,

trasladaron su ataúd al Capitolio, en Washington,
D.C., para que la gente pudiese acudir a presentarle
sus respetos. Era la primera vez que se honraba a
una mujer de esa manera.

Más de cuatro mil personas asistieron a su funeral. La enterraron en un cementerio de Detroit, su ciudad adoptiva.

La mujer que se negó a ceder su asiento ayudó a cambiar el mundo con su silenciosa valentía. Algunas personas pensaban que no se levantó porque estaba cansada o ya era mayor. Rosa aclaró que esas no fueron las razones. "No estaba cansada físicamente", aseveró, "o al menos no más cansada de lo normal al finalizar mi jornada de trabajo. Aunque algunas personas tienen la imagen de que ya era mayor, no era así; yo tenía cuarenta y dos años. No, de lo único de lo que estaba cansada era de ceder".

LÍNEA CRONOLÓGICA DE LA VIDA DE ROSA PARKS

1913 —Nace Rosa Louise McCauley en Tuskegee, Alabama.

1924 —Ingresa a la escuela femenina Montgomery Industrial School for Girls.

1932 —Se casa con Raymond Parks.

1934 —Recibe su diploma de secundaria.

1943 —Se convierte en la secretaria del comité de Montgomery de la NAACP.

1944 —Trabaja en la base aérea militar Maxwell.

1945 —Se registra como votante.

1955 —El 1.º de diciembre, la arrestan por negarse a cederle su asiento en un autobús a un hombre blanco. Se inicia el boicot contra la compañía de autobuses públicos de Montgomery.

1956 —Finaliza el boicot contra la compañía de autobuses públicos de Montgomery.

1957 —Se muda a Detroit, Michigan.

1965 —Comienza a trabajar para el diputado de Michigan John Conyers, Jr.

1977 —Muere Raymond Parks.

1987 —Funda la organización Rosa and Raymond Parks Institute for Self Development.

1988 —Se retira después de haber trabajado por más de 20 años en la oficina de Conyers.

1992 —Publica su primer libro, *Rosa Parks: Mi vida*, escrito con Jim Haskins.

1996 —Recibe la Medalla Presidencial de la Libertad, el más grande honor que pueda recibir un civil en Estados Unidos.

1999 —Le entregan la Medalla de Honor de Oro del Congreso. La revista *TIME* la nombra una de las veinte personalidades más poderosas e influyentes del siglo.

2005 —Muere a los 92 años de edad.